AF276536

MUJER,
SAL DE AHÍ

Mar Blanco y Juan Ignacio Villar (Vily)

MANUALES
DE ORACIÓN | **33**

PPC

Prólogo
Dolores Aleixandre, religiosa SCJ, teóloga y biblista

Textos
Juan Ignacio Villar, *Vily*, pastoralista y escritor

Poesía y testimonios
Mar Blanco, poeta, psicoterapeuta y técnica en Igualdad

Contraportada
Ana Rosa Gaspar, psicóloga.

Fotografías
Archivo SM; iStock; Javier Calbet/Archivo SM; Shutterstock; Thinkstock

© 2026, Mar Blanco y Juan Ignacio Villar
© 2026, PPC, Editorial y distribuidora, S. A.
   Parque Empresarial Prado del Espino
   Impresores, 2
   28660 Boadilla del Monte (Madrid)
   ppcedit@ppc-editorial.com
   www.ppc-editorial.es

ISBN: 978-84-288-4361-4
Depósito legal: M-3961-2026
Impreso en la UE / *Printed in UE*

Sé la luz que llevas dentro.

*¡Transfórmate en plenitud
y compromiso contigo!*

PRÓLOGO

He escrito este prólogo dos veces: la primera, después de leer el proyecto del libro *Mujer, sal de ahí* porque el título me pareció sugerente y ayudador para cualquier mujer. Animaba a dejar atrás cualquier situación de encerramiento a través de imperativos cariñosos y "consejos vitamínicos", y eso me hizo recordar lo que viví hace años, cuando trabajaba con grupos de mujeres en un barrio de Madrid y descubrí vidas deslumbrantes dentro de una aparente insignificancia. Pensé en lo bien que nos hubiera venido entonces tener este libro que alienta a las mujeres a valorarse y quererse, a aprender a "estar para ellas mismas" y no solo en función de otros, a contactar con su propia necesidad de atención, a escapar de la trampa de "jugar a víctimas", ese peligro siempre al acecho.

Pero este primer prólogo me resultó soso y tibio al leer el libro completo y encontrarme de frente con rostros concretos de mujeres de la Biblia y de otras actuales. Todas ellas transmiten una invitación enérgica para cualquier mujer a ponerse en pie, tomar posesión de sí mismas, recobrar la conciencia de tener la vida en las propias manos y reclamarse de nuevo como ser humano con un propósito y un destino.

Los testimonios de esas mujeres que han sabido sobreponerse a las circunstancias, es decir, que se han puesto "por encima de sí mismas", contagian confianza, poder, autoestima y esto está más allá de los "consejos vitamínicos", y supone una herramienta eficaz para salir de la rutina, de las pesadas leyes de la gravedad, de la depresión, del *sin-salidismo*.

Las narraciones sobre mujeres de nuestra historia hablan de vidas amasadas con sometimientos y rebeldías, energías y desfallecimientos, temores y audacias, lágrimas y risas, caídas y nuevos comienzos.

El eco de esas voces dispone de autoridad para decir a cada mujer: "¡Sal de ahí!". Y el recuerdo de sus nombres comunica la certeza de que ellas están dispuestas a hacerse compañeras de camino de quienes se arriesguen a emprenderlo.

Dolores Aleixandre

PROPUESTA DE TRABAJO

Las páginas que tienes en tus manos son algo más que una lectura de textos de ámbito feminista o de género.

Te proponemos una herramienta para acercarte a la realidad de la **mujer** y **facilitarte conciencia**, con la idea de revisar actitudes y maneras de relacionarte con los/as iguales.

Los **textos** van acompañados de:

- Una **pregunta**.
- Un **poema con referencia a un personaje bíblico**.
- Un **testimonio** (con nombre ficticio).

Te invitamos a que propongas otras dinámicas, léase: pintada, canción, *tik-tok*, manifestación, etc. Considéralo tú en cada bloque.

Queremos dejar constancia de que las mujeres bíblicas que te vas a encontrar aquí, aunque vivieron en contextos históricos y culturales diferentes y no necesariamente encajan en un marco feminista moderno, pueden ser relacionadas con el mismo, en tanto que **desafiaron normas sociales, rompieron moldes con valentía** y **asumieron roles significativos**.

Es un **trabajo hecho con amor**, para que te ames a pesar de todo.

1

SÉ TÚ

¡Eres lo que quieres!

Levántate alegre y vive feliz.
Mueve el cuerpo y salta agradecida.
Lávate libre y actúa valiente.
Vístete fuerte y sé amor.
Desayuna rico y sal preciosa.
Trabaja confianza y lucha respeto.
Disfruta instantes y camina segura.
Haz vida y regala carisma.
Vuelve a casa contigo y con quien quieras.
Cena risas y recuerda abrazos.
Desnuda miedos y conecta almas.
Acuéstate amada y descansa serena.
Observa comportamientos y medita calma.
Duerme dignidad y sueña bonito.

¡Dueña de tu vida!
¡Eres lo que quieres!

PIENSA

¿Qué te llama más la atención de lo leído arriba?

Débora

De pie entre espadas,
tú eres lo que quieres,
voz que clama justicia,
la que no espera que otros
nombren su destino.

Profetisa del alba,
desafías las sombras
que nunca advirtieron tu fulgor.

Mano que talla destinos,
paso que incendia fronteras,
mirada que quiebra el miedo.

Mujer del tiempo inmortal,
–cincelada en fe y fuego–
vislumbra el secreto:
ser es alargar la luz.

❖ **(Jueces 4-5)**

Débora fue jueza y profetisa de Israel, lideró a su pueblo en una época dominada por hombres. Es un símbolo de liderazgo femenino y toma de decisiones estratégicas.

Olga

Jueza. 56 años.

Cada día avanzan sus sentencias, implacables. Pero su niñez intacta aún sueña, aún respira.

En las reuniones de amigos, su voz jamás se pronuncia. Es la noche. Se siente nada.

Los ojos de su marido son cerrojos, signos que clausuran la barrera de su boca.

Se abraza a la quimioterapia y forja un juramento:

> Si sale de esta, arrancará la peluca de cenizas y dejará que el viento la desnude.
>
> Si sale de esta, abrirá las compuertas de su voz y volará sobre todas las palabras que hoy son acero en sus mejillas.
>
> Si sale de esta, arderán los preceptos ajenos, los que nunca ordenó y liderará su vida alrededor del fuego.

Será suya.

2

CREE EN TI

Todo es posible si crees

Creer lo increíble.
Superar lo insuperable.
Perdonar lo imperdonable.
Conseguir lo inalcanzable.
Conquistar lo inconquistable.
Construir lo inconstruible.
Alcanzar lo imposible.
Caminar lo intransitable.
Ascender lo inaccesible.
Perseguir y ganar lo impensable.

¡Tú puedes! ¿Te crees? ¿Te lo crees?

INTERIORIZA

¿En qué momento de los que define el relato te encuentras? Visualízalo.

Ester

Cree en ti, como Ester,
una reina oculta
que en su pecho palpitaba la verdad:
que todo es posible si te crees.

Quebrar el temor,
elevar la gloria,
conquistar la dignidad.

Ni diosa ni guerrera,
una mujer, con alma limpia,
que en su pecho creyó.
Y Ester,
se levantó frente al rey,
con espíritu inquieto.

Hoy su nombre resuena:
es faro en la noche,
esencia de posibilidad,
un corazón sincero.
El cielo, abierto,
bajo sus pies.

➤ **(Ester 5,7ss)**

Como reina, Ester arriesgó su vida para salvar a su pueblo, utilizando su posición de poder para defender la justicia, a pesar de las restricciones de género.

Cecilia

Madre soltera en plena juventud.

Camina entre sombras que pocos ven, madre y faro en la ciudad blanca de Almería, donde el sol dora las fachadas, pero no ilumina su nombre. Sostiene el mundo con manos calladas, amasa el tiempo entre jornadas interminables y noches de cuentos susurrados al oído de su hijo.

Invisible para muchos, pero no para la vida que edifica, ha aprendido a leer los silencios, a moverse en la penumbra de lo cotidiano con la certeza de que la fortaleza no es estruendo, sino raíz profunda, convicción intacta.

Cecilia, reina sin corona, oculta como Ester en su hora justa, sabe cuándo callar, cuándo resistir, cuándo dar el paso que todo lo cambia. Su poder no grita: es la firmeza de un gesto, la precisión de una mirada, el imperio de una dignidad inquebrantable. Cada acto suyo invoca a las que fueron antes, precede a las que vendrán.

Porque hay mujeres que transforman lo invisible en eterno.

3

PERMITE QUE SUCEDA LO QUE TÚ QUIERES

Que la vida "pase" contigo en el centro. Presente. Consciente

Si estás mal, sal.
Si eres insultada, sal.
Si te ves controlada, sal.
Si te sientes maltratada, sal.
Si te oyes llorar, sal.

Sal, déjate salir.
Salta, permítete volar.
Expresa, consiéntete verbalizar.
Denuncia, asume tu responsabilidad.
Decide, cambia de vida.

¡Lárgate y empieza a vivir!
Repítete: "¡He venido a olvidarte!".
Permítete estar por ti, por tu cuidado, por tu salud. Así sea.

DIALOGA

De lo leído arriba (aunque puedes incorporar otros ejemplos), ¿en qué instantes "saldrías" de ese tipo de relación?

Rut

Permite que suceda lo que tú quieres,
como lo hizo Rut,
con su corazón abierto al destino
y sellado al desasosiego.

La vida pasa con ella,
–de tierra a tierra–
con una fe que no claudica,
ni en el camino incierto.

"Permite que suceda",
–escuchó por dentro–
y Rut, sin heredad ni nombre,
tomó la mano de su futuro,
y trenzó un tapiz de promesas.

Que la vida florezca contigo,
y en tu mirar lo amado,
　　　　el hallazgo,
　　　　un presente,
　　　　una dádiva.
Rut –con su entrega y sonrisa–
tejió el mapa del sol.

▶ **(Rut 1,8-22)**

La lealtad de Rut a su suegra Noemí y su decisión de
trabajar para sostenerse son ejemplos de independencia y solidaridad femenina en tiempos difíciles.

María Luisa

Emigró desde un pequeño pueblo rural hacia una gran ciudad, buscando mejorar un porvenir.

Partió al alba, con el alma cosida a los campos que dejaba atrás y la mirada puesta en el horizonte incierto. El polvo de su pueblo aún dormía en sus zapatos cuando el primer tren la llevó lejos, deshilando en su estela las voces del pasado. No hubo despedidas ruidosas, solo el murmullo del viento entre los trigales y la certeza silenciosa de que la vida la llamaba más allá.

Guardó en su pecho el latido de la esperanza y caminó con la determinación de quien no solo busca un lugar, sino que lo crea.

Aprendió a sembrar futuro con lo poco que tenía, a leer oportunidades en los pliegues del azar, a tejer con sus propias manos un destino digno. Porque el valor es no claudicar cuando el camino se vuelve incierto.

María Luisa, como Rut, supo que la fe no es solo un susurro al cielo, sino el coraje de soltar para abrazar lo que viene. En su andadura, dejó atrás la zozobra.

Y, con cada paso, va dibujando el atlas de un nuevo comienzo.

4

HAZTE CASO

Para que no mueras o te mate, impídeselo todo. Nada de...

Déjame que tenga celos o te mato.
Déjame que te insulte o te mato.
Déjame que te diga lo que tienes que vestir o te mato.
Déjame que te denigre o te mato.
Déjame que te menosprecie o te mato.
Déjame que te ignore o te mato.
Déjame que te pegue o te mato.
Déjame que abuse de ti o te mato.
Déjame que te viole o te mato.
Déjame que te robe la libertad o te mato.

De tanto *permitir*, a la espera de cambios prometidos,
al final **te mata**. **Mujer. Hazte caso, ¡ya!**

Haz con **tus decisiones valientes**,
perder privilegios a "machos dominantes".
Promueve la igualdad, para **transformar las relaciones**,
modificar la conciencia y la **manera limitante de pensar**.

Es necesario educar
en otro modo de ser mujer, y de ser hombre.

DEBATE

¿Dónde pondrías el límite para hacerte valer y querer?

Miriam

Hazte caso, dijo Miriam,
con el tambor entre las manos
y la arena aún ardiente
por los pasos del éxodo.

Hazte caso,
cuando el agua se cierre detrás de ti
y las cadenas en el fondo del mar;
cuando la libertad sea
un canto que rompa el aire
y la memoria un río que te cruza.
Miriam lo supo:
en su voz habitaban los relámpagos,
en su paso, la fuerza del que no se rinde
   ni ante faraones,
   ni ante desiertos,
   ni ante la tentación de callar.
Hazte caso,
para que no mueras
o te mate la mudez del miedo.
Hazte caso,
y que el tambor siga sonando
aun cuando el camino sea largo
y las promesas parezcan espejismos.

Porque la danza no es solo celebración,
   es grito,
   es latido,
   es esbozar un refugio
   contra la muerte.

> ❯ (Éxodo 15)

Hermana de Moisés y Aarón, Miriam fue líder entre
las mujeres israelitas y profetisa, contribuyendo al
éxodo del pueblo de Egipto.

Lucía

Una líder comunitaria avanza por las calles agrietadas de su barrio, donde las sombras de la desesperanza se enredan en los muros y la violencia murmura en las esquinas. A su madre la asesinaron cuando ella anidaba en su vientre. Tenía 28 años.

Encendida como un faro en la bruma, llama a su gente a despertar, a recordar que aún hay latidos bajo la ceniza.

Su voz, más fuerte que el miedo, se eleva entre los escombros de sueños rotos: "Hazte caso", dice, y sus palabras son semilla en tierra árida, lluvia en la piel reseca de quienes han olvidado su propio nombre. Convoca miradas que han aprendido a esquivar el reflejo, manos que han sido empujadas al vacío, vidas que han sido silenciadas antes de pronunciarse.

Lucía no es solo una guía, es un eco que resuena en cada mujer joven que duda, en cada corazón que se ha creído diminuto.

"Escúchate, porque en ti habita la fuerza", repite, y con cada paso, abre senderos en el desierto de la resignación.

Y entonces ocurre: donde antes solo había polvo, brota la voz de una niña que se atreve a decir su propio nombre en alto. Donde solo había ruinas, un grupo de mujeres entrelaza sus manos y se levanta. Porque Lucía no trae milagros, pero sí el fuego de la certeza: cada vida tiene valor, y quien se escucha, se reconoce.

Y ya ha empezado a florecer en el espejo.

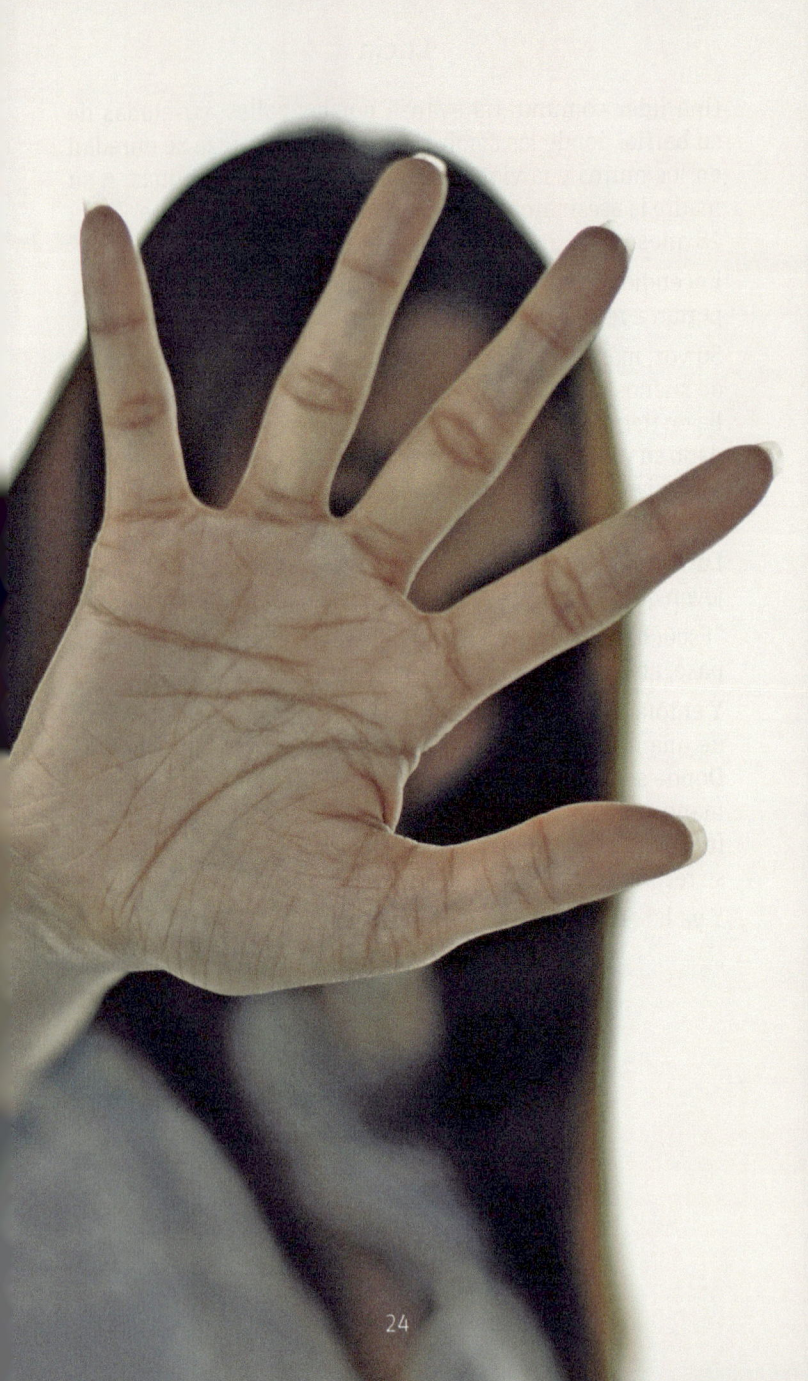

5

¡NO ES NO!

En la fiesta de Santa María Goretti (6 de julio)

Es grito de rebeldía y denuncia ante los malos tratos, abusos y asesinatos de mujeres en manos de sus parejas o exparejas...

Es el grito vital de María Goretti a Alessandro Serenelli, un joven ocho años mayor, cuando este intentó abusar de ella, que prefirió ser asesinada a perder su pureza.

María antes de morir perdonó...
Alejandro estuvo 15 años en la cárcel donde se arrepintió y al salir, cambió de vida.

Con María Goretti quiero que expreses que:
No es no, y aclaras tu decisión.
No es no, y acabas con tu inseguridad.
No es no, y perdonas tu fragilidad.
No es no, y amas tu persona.

No es no, y rompes el silencio.

No es no, y reconoces tu dignidad.
No es no, y crees en tu ser mujer.
No es no, y sientes tu valía.
No es no, y crece tu valentía.

No es no, y acabas con la extorsión.

No es no, y acoges determinación.
No es no, y vives confiada.
No es no, y sueñas esperanza.
No es no, y creas futuro.

No es no, y adiós a la culpabilidad.
Con Santa María Goretti, grito y ruego por la vida.

CONTEMPLA

¿Qué le dirías a una mujer que está viviendo una situación así? Argumenta tu postura.

Abigail

No es no,
dijo Abigail,
entre el clamor de los necios,
donde los hombres bebían su furia
y el acero danzaba en promesas de sangre.
No es no,
gritó su silencio al borde del abismo,
porque salvar la vida es un acto divino
y negar al orgullo,
un himno que solo los valientes cantan.

Se hizo sombra
la palabra que no se dijo,
la daga que no llegó a la carne.
Abigail,
con su vestido de hierba
y su voz cargada de miel,
detuvo la destrucción
donde todos esperaban ruinas.

No es no,
–resuena en los valles–
el límite donde la ira no cruza,
el valor de mirar en los ojos
lo que enciende la llama del fin.

Te aprendo, Abigail,
mujer de mansedumbre feroz,
supiste domar la tempestad
con un "no" inquebrantable.
Porque a veces amar es salvarse,
cruzar la metamorfosis del aire, negar la llaga.

Porque a veces amar
es requerir el imperio de la palabra.

◆ **(1 Samuel 25)**

Con inteligencia y diplomacia, Abigail evitó un conflicto violento entre su esposo Nabal y David, mostrando que las mujeres podían actuar como mediadoras en situaciones de crisis. Y pronunciar "no" en cualquier situación que subestime un consentimiento

Claudia

Se alza en medio del torbellino, donde las voces se afilan como cuchillos y la furia se enciende con un solo roce. No necesita gritar para ser escuchada. Su sola presencia es un muro que detiene la tormenta antes de que arrase con todo.

"No es no", dice, y su voz es un ancla en el mar revuelto de la ira. Es un límite dibujado con la firmeza de quien entiende que la destrucción nunca es respuesta.

Como Abigail, Claudia sabe que detener una batalla es más difícil que empezarla, que se necesita más valentía para apagar una chispa que para dejar que el incendio lo consuma todo. No cede al orgullo ajeno ni al miedo propio. Se mantiene en pie, paciente, mirando a los ojos de aquellos que han olvidado cómo sostenerse sin el peso de la rabia.

Cada vez que impide que una disputa estalle, o se abalance sobre ella, Claudia salva más que un momento: preserva futuros, reconstruye lazos invisibles, recuerda a su gente que la paz es también un derecho, una acción individual, un acto divino al alcance de quienes se atreven a elegirla.

Porque la criba la luz que pide su tiempo y su obediencia.

6

MALTRATADOR NO, LO SIGUIENTE: DEPREDADOR

Por lo que te hace sentir, pensar, creer...

Cuando el machista y narcisista y más, manipula, controla, abusa, insulta, acosa, pega, deriva y todo...

Te hace *sentir* que **eres nadie**.
Te hace *pensar* que **eres inútil**.
Te hace *creer* que **estás loca**.
Te hace *experimentar* que **estás sola**.
Te hace *imaginar* que **no se te quiere**.
Te hace *ver* que **no saldrás adelante sin él**.
Te hace *tragar* que **él es tu salvador**.
Te hace *suponer* que **no vas a encontrar a nadie**.
Te hace *sospechar* que l**os demás saben de ti
     hasta lo más íntimo** o que **piensan que eres mala**.
Te hace *deducir* que **eres vaga y floja** al dejar el trabajo
     para cuidar a los hijos.

Y expresa...
     Sentencias: **"Siempre estás igual"**.
     Desprecio: **"Mírala". "Déjala". "No se le puede
          decir nada"**.
Busca aliados para **culpabilizarte** y excluirte
     de tu familia.
Cambia la versión para **salir ganador de su mentira**.

Hasta que tomas conciencia y decide salir de ahí y vivir.
     ¡No estás sola!
Por todo ello *creo* que eres muy valiente no, lo siguiente:
     heroína, *superviviente*.

DISCREPA

¿Qué es lo que no acabas de creer de todo lo que dice el texto?

Lilith

Te hace creer que estás loca,
que el viento se eriza en tu cabello,
que ya no hay orden en tu carne,
y el desierto se abre bajo tus pasos.

Te señala la sombra de Adán,
el verbo torcido de quienes
temen tu libertad.
Te persiguen con fábulas de obediencia,
con dogmas de barro y hueso,
pero tú eres tormenta insomne
que no se arrodilla.

En el exilio de las fieras,
las hienas ríen y tú respiras,
independiente y terrible,
en el nido que tejiste con los hilos
del abandono y la furia.

Siguen repitiéndolo:
            loca,
            errante,
            imposible.

Y tú, con la noche en los ojos,
no te detienes.

Ella te reconoce.
La noche sabe tu nombre.

❧ **(Isaías 34,14)**

Lilith, en la mitología judía, es considerada la primera esposa de Adán, creada igual a él y que se rebeló al negarse a ser sumisa. Tras su huida del Edén, se convierte en un símbolo de independencia y resistencia. En el feminismo, Lilith representa la lucha por la autonomía y la liberación frente al patriarcado.

Se alzó contra un mundo que le exigía silencio, que la condenaba a un rincón invisible. En su rebelión, encontró el exilio, no en tierras lejanas, sino en la indiferencia de quienes temen su voz. Pagó el precio de su desobediencia.

Durante años, trabaja incansablemente en la defensa de los derechos de las mujeres, en un contexto donde su voz es ignorada o descalificada. Se enfrentó a un sistema educativo que negaba a las mujeres la posibilidad de decidir sobre su futuro, y a una sociedad que las relegaba al ámbito privado. Pero ella no se conformó. Se levantó como profesora, como activista, como guía para las que venían detrás, enseñando que la autonomía y el conocimiento son las llaves para romper las cadenas invisibles.

Su vida es un testimonio de resistencia diaria, abraza su exilio, consciente de que su misión es sembrar una semilla aún en la tierra más árida.

Como Lilith, no busca aprobación Y aunque el mundo aún la mire con ojos de juicio, su presencia es la prueba viva de que la resistencia femenina no se extingue: se transforma, se expande.

Y se deja llevar por el viento de su propia libertad.

7

RESPÉTATE

Para que te respeten.
Del narcisista y el maltrato vicario

Del victimismo a las heridas profundas en los niños,
que tienen que trabajar mucho para no vivir su presente
y futuro con un dolor enorme en el alma.

Aprende a ver a tu madre con tus ojos,
no con los ojos de tu padre.

Reconoce el amor de tu madre
sin el juicio interesado de tu padre.

Aprecia a tu madre por lo que es
y cómo se relaciona contigo,
no por la manipulación y las mentiras
que tu padre te ha contado de ella.

Cuando te enfades con tu madre no utilices los insultos
que ha usado siempre tu padre, le duelen el doble. Gracias.

REFLEXIONA

No siempre es así, ¿no? También hay mujeres narcisistas.
Es un trastorno.
¿Qué tiene que pasar para que la vida se viva sin tanto
desgaste?

Jael

Jael, en la tienda del destino,
no titubeó ante el poder
ni bajó la mirada
que buscaba someterla.

¡Respétate!
Levanta la mano firme,
como quien conoce el peso de la justicia
y entiende que el amor propio
es un arma que corta las cuerdas
del narciso y sus mentiras.

¡Respétate!
que el maltrato vicario no es herencia,
ni la sumisión un camino escrito en piedra.
Que el control no es amor,
ni el dolor un precio
para habitar la vida.

¡Respétate!
En tus manos yace el clavo de la verdad,
tus pasos retumban en el suelo
como un canto de resistencia
que no cede ni se doblega.

¡Respétate!
Y el narcisista se desmoronará,
su eco se ahogará en la firmeza de tu "no",
y su sombra en el polvo
de lo que no pudo someterte.

¡Respétate!
Y deja que la historia se escriba
con firmeza
que transforme las espinas en victoria,
el enigma en justicia,
y el vértigo en poder.

Jael lo supo:
la fortaleza, un silencio que hiere al opresor,
la fuerza, una acción que disuelve al verdugo.

◆ **(Jueces 4,17-21)**

Otra heroína del período de los jueces: Jael actuó con valentía al derrotar al enemigo Sísara, mostrando determinación y capacidad para tomar acción en momentos críticos.

Rosa

Es una mujer que enfrenta situaciones de abuso de poder y acoso en su lugar de trabajo, y decide alzarse con dignidad y determinación.

Rosa camina entre sombras densas, pero en ella no hay sumisión, no hay espacio para el miedo que otros han aprendido a tragar como rutina. Su dignidad es su estandarte; su determinación, un filo que corta las cadenas invisibles de la injusticia.

No inclina la cabeza cuando intentan sofocar su voz, no retrocede cuando el peso de las miradas amenaza con aplastarla. Como Jael, entiende que la valentía no siempre ruge, a veces se sostiene en un silencio firme, en una postura irrompible, en un límite trazado con la certeza de quien se sabe dueña de sí misma.

"No", dice, y en esa palabra cabe su historia, su resistencia, su derecho. No a la sumisión disfrazada de obediencia. Su respeto propio es un muro que no admite grietas.

Y cuando alza la mirada, la adversidad encuentra en sus ojos un espejo imposible de doblegar.

8

CUANDO LA VIDA SACUDE DE CERCA

¿Dónde estás dispuesta a poner el límite?

Si es un volcán en erupción, impacta el corazón.
Si es un terremoto en sacudida, resquebraja la entraña.
Si es una lluvia torrencial, congela el alma.
Si es un fuego devorador, asfixia el cuerpo.
Si es un viento impetuoso, arrastra los sentimientos.

¡Es la naturaleza, en estado puro, que provoca cambios, transformaciones, vivencias de estremecimiento y dolor!

Todo cambia de perspectiva...
**Cuando la realidad del maltrato sacude de cerca
tu familia.**

Si es un enfado, **duele el corazón**.
Si es una ruptura familiar, **resquebraja las entrañas**.
Si es un insulto verbal, **congela el alma**.
Si es un abuso psicológico, **destruye la mente**.
Si es un maltrato físico, **asfixia el cuerpo**.
Si es muerte, **adiós a la vida** de una persona querida,
y con ella, la familia entera...

¿Dónde estás dispuesta/o a poner el límite?
Contra la violencia de género.

CONSIDERA

**¿Qué dices de ti? ¿Cuáles son tus sacudidas, o sea, "alarmas"
que necesitas considerar y trabajar?**

Tamar

¿Dónde estás dispuesta a poner el límite,
en qué frontera callada te escondes,
hermana de las palabras que nadie pronuncia?

Eres **Tamar**,
la mujer que entre los muros de su silencio
rompe el mandato que otros te han impuesto.

Entre las páginas no escritas,
te haces autora de tu propia revelación.
En tu dolor,
en tu trampa tejida,
en el grito que calla el juicio de los hombres,
te levantas, Tamar,
y te conviertes en la que no se doblega.

¿Dónde está el límite, mujer?
¿En qué tierra te haces dueña
cuando el camino te fue negado?
Bajo la sombra del incienso,
tu cuerpo es fuego y promesa.

El poder que calla la memoria
se detiene ante ti.
Eres la que desafía el olvido,
la que no se acoge al juicio ajeno
y, en tu nombre, se inscribe la resistencia
de todas las mujeres
que, en su desamparo, renace,
como Tamar,
entre las ruinas del silencio.

❧ **(Génesis 38)**

Tamar fue la nuera de Judá y la madre de los gemelos
Farés y Zara. Su historia aparece en el Génesis y es
considerada un ejemplo de coraje y transformación.

Marta

En la quietud de la noche, Marta camina por las calles de la ciudad que la vio crecer. Su mirada, perdida en las luces intermitentes, refleja el peso de años callados.

La gente a su alrededor la llama madre, hija, amiga. Pero dentro de ella siempre ha habido una mujer distinta, una mujer que ya no encaja en esos papeles. A menudo, en su mente, el recuerdo de aquellos días en que se sintió acorralada por expectativas ajenas, vuelve con la fuerza de un oleaje. Pero ahora, ya no se avergüenza de sus cicatrices.

"Mi cuerpo no fue mi propio templo, fue un campo de batalla", se dice, mientras recuerda aquellas veces en que calló para que no la juzgaran, para que la paz no se rompiera. Como Tamar, ella también jugó sus cartas en silencio. Nadie entendió sus decisiones, su rebeldía escondida, su lucha por ser dueña de su destino.

Ahora, años después, Marta sonríe. En cada paso que da por esas mismas calles, se recuerda a sí misma. Se recuerda como Tamar, la mujer que, aunque nunca fue aclamada ni llamada por su nombre, escribió su propio testimonio, desafió el olvido y renació.

No necesita ser recordada por el mundo. Ella es suficiente. En su propio tiempo, en su propio cuerpo, encontró el límite que debía poner y, con él, construyó la libertad que su alma siempre había buscado. Ya no es la madre, la hija o la amiga que el mundo espera. Es la mujer que se reconoce a sí misma, dueña de su propio destino.

Su trabajo, lejos de ser solo un empleo, es el arte de sanar su alma, de reconstruir su identidad desde los escombros de expectativas ajenas. En sus manos no solo toma lápices o herramientas, sino también historias olvidadas, las suyas, las de las demás.

Y ayuda a otras mujeres a encontrar su voz.

9

GRITA

Un grito de "basta ya" y se rompe el silencio

Aparecen los **celos** y se rompe la confianza.
Un **grito** y se rompen los sueños.
Un **gesto de indiferencia** y se rompe la autoestima.
Una **mirada de odio** y se rompen las ilusiones.
Una **bofetada en la mejilla** y se rompe el corazón.
Un **puñetazo en la cara** y se rompen las entrañas.
Un **insulto** y se rompe el alma.
Una **paliza** y se rompe la vida.
Un **"te mato"** y se rompe el corazón.

Y antes que la vida se convierta en muerte...

Un grito de **"basta ya"**
y se rompe el silencio.
Una denuncia y se busca **salida**.
Una confidencia familiar
y se ve la **luz**.
Una orden judicial
y se adivina **esperanza**.
Un alejamiento forzado
y vuelve la **paz**.
Regresa la confianza en ti misma
y te sabes **valiosa**.
Una actitud positiva
y empiezan de nuevo los **sueños**.
Una persona preciosa
y aprendes a **amar y amarte de nuevo**.

Nota: *Primer texto del autor escrito en el reverso de un billete de tren, después de contemplar una discusión y una bofetada en la mejilla de un hombre a una mujer.*

ORA

**Ora a quien te inspire confianza y pide un deseo
para que la cadena de horrores se rompa.**

Ana

Voz desgarrada entre los umbrales del templo,
tú, que ofreciste tus lágrimas
al altar del cielo
y con un grito ahogado
rasgaste el velo del silencio
que el mundo te impuso.
No fuiste sombra ni eco.
Fuiste trueno en medio del murmullo,
mujer de entrañas firmes,
sembrando esperanza
en el campo de lo imposible.

Tu llanto no fue vacío,
fue llama que ascendió al infinito,
y allí, entre las estrellas,
te escuchó Aquel que nunca olvida.

"Basta ya", clamaste,
y el peso de generaciones cayó de tus hombros.
Naciste de nuevo en la promesa,
y Samuel fue tu respuesta al abismo.

Ana, tú eres la que rompe cadenas,
la que sabe que el silencio no es destino.

Tu voz sigue latiendo
en la jaculatoria de quienes
se atreven a hablar,
se atreven a gritar,
y hacen del "basta ya"
el principio de un milagro.

➤ **(1 Samuel 2)**

Madre de Samuel, Ana representa la persistencia en la oración y el reconocimiento del valor de la maternidad como parte del plan divino, en un contexto donde las mujeres eran valoradas principalmente por su capacidad de procrear.

Laura

Una madre que, tras años de lidiar con la indiferencia del sistema de salud hacia la enfermedad de su hijo, decidió alzar la voz y exigir justicia.

Laura recorrió los pasillos fríos de hospitales donde las respuestas eran susurros evasivos y el tiempo se convertía en un enemigo silencioso. Cargó a su hijo en brazos y con él, el peso de una espera interminable, de miradas esquivas, de promesas huecas que se desvanecían como humo.

Durante años, su súplica moría en los umbrales de oficinas cerradas a su dolor. Pero un día, la angustia se hizo furia, y de su pecho brotó un grito seco, un "basta ya" que rasgó el velo de la indiferencia. Como Ana, transformó sus lágrimas en arma, su fe en una barricada y su pensamiento en letras de un alfabeto compartido.

Su voz se convirtió en un río que arrastró consigo a otras madres, a otros padres, a quienes también habían sido silenciados por la burocracia de lo inhumano. Laura no solo peleó por su hijo.

Su lucha se convirtió en un himno de resistencia, en una plegaria clavada en la tierra como bandera.

10

SAL DE AHÍ

Permítete vivir

Es tiempo para el valor; de estar bien contigo a pesar de ti.
Salir, salvo que quieras quedarte. Es el tiempo
que te concedes para buscarte en esencia y valorar
lo que eres, sin necesidad de ser de nadie y para nadie,
en cualquier circunstancia de la vida.

En la relación de pareja, *si te quieres libre.*

Hay parejas que después de vivir un tiempo amoroso,
ni se encuentran ni se buscan.
Cuando se refiere a **salir de la relación/matrimonio
–del sí al no–**:

> Si te manipula y controla, sal.
> Si te menosprecia e infravalora, sal.
> Si te hace violencia verbal/física/psicológica/
> económica/etc., sal.

¡Te amas!

En el trabajo, *si lo tienes.*

Hay momentos en la vida que tienes que decidir
por coherencia y por salud.
Salir del trabajo –de necesario a relativo–:

> Si te empequeñece y te limita, sal.
> Si te asfixia y te duele, sal.
> Si te impide realizarte, sal.

¡Pon tú el precio a pagar!

**Y si en la amistad, en el equipo, en la institución, etc.
no te ves, no te escuchas y no te sientes, ¡sal de ahí!**
Empieza a comprender la vida a tu modo. ¡Se te quiere!

BUSCA

¿De dónde tienes que salir porque ya no es tu lugar?

María Magdalena

Mujer de cicatrices ocultas,
de noches que tejieron cadenas en el alma.
Tú, que caminaste bajo sombras prestadas,
escucha el eco que el viento trae:
Sal de ahí. Permítete vivir.

Porque no naciste para la piedra del juicio,
ni para el polvo donde los nombres se borran.
Eras más que un murmullo entre los labios de otros.
Eras fuego esperando el soplo de la verdad.

Te llamaron por tu nombre,
y en ese instante el mundo se quebró.
No eras el peso de tu pasado,
sino la luz de lo que aún podías ser.

Te levantaste.
Dejaste el velo de las culpas en el suelo
y caminaste hacia la promesa de días nuevos.
El agua lavó los pies,
pero fue la palabra quien limpió tu espíritu.
¡Sal de ahí! Permítete vivir, te dijeron.

Y viviste,
no como la sombra
–ese fulgor callado–
de lo que fuiste,
sino como la mujer
que lleva la resurrección en su mirada,
como la que anuncia
que siempre hay un comienzo
después del fin.

❯ **(Juan 20,1-18)**

Una seguidora cercana de Jesús, María Magdalena fue testigo de su resurrección y se le confió el mensaje más importante del cristianismo. Representa la inclusión y el valor de las mujeres en la misión de Jesús.

Carolina

Una mujer que, tras años atrapada en una relación tóxica, decidió liberarse y reconstruir su vida.

Habitaba un invierno perenne, un tiempo suspendido entre la culpa y el miedo. Aprendió a caminar de puntillas, a medir el aire antes de respirar, a sostenerse entre un surtido de líneas irregulares como un yugo invisible.

Un día, una voz –su propia voz– se alzó dentro de ella, como un relámpago en la noche más cerrada: "Sal de ahí". Y en ese instante, el miedo se convirtió en impulso, la duda en camino, las tinieblas en claridad.

Como María Magdalena, Carolina entendió que no era lo que otros decían de ella, que no era el inventario de sus cicatrices, ni la herida del deseo en carne viva, sino la fuerza de su propia decisión. No pidió permiso para resurgir. Se levantó y anduvo, dejando atrás un amor que nunca lo fue, los barrotes de una cárcel que no le pertenecía. Esa fue su manera de enjugar las lágrimas de la claridad.

Hoy, su vida es un renacimiento que se escribe con pasos firmes y una palabra que ya no titubea. Permitirse vivir, recomenzar con las manos vacías, fue el mayor de sus milagros.

Y con cada día que amanece, ella misma es el testimonio de su propia libertad.

11

SOSTÉN LA IGUALDAD

Mujer-es

Mujer-es que **influyen** en el cuidado del respeto.
Mujer-es que **reivindican** los derechos contra la violencia.
Mujer-es que **sostienen** la mirada de la igualdad.
Mujer-es que **empoderan** la vida de las vulnerables.
Mujer-es que **actúan** en el corazón de la maltratadas.
Mujer-es que **potencian** la determinación de las valientes.
Mujer-es que **responden** a los gritos de las acosadas.
Mujer-es que **trabajan y creen** en las mujeres olvidadas.

¡Y tú también!

AGRADECE

**Pon nombre a las diez mujeres de tu vida y agradece
a cada una de ellas el valor que te han aportado.**

Priscila

Tejiendo palabras en la trama del tiempo,
mujer de fuego discreto y sabiduría que no se apaga,
caminaste al lado y nunca detrás,
y sostuviste la igualdad
como un estandarte invisible.

En la casa humilde,
donde nacen las revoluciones,
eras maestra sin alarde,
voz que se alzó junto a Aquila,
sin miedo al eclipse.

Hablaste de vida eterna,
enseñaste que los dones no tienen género,
que las verdades divinas no eligen cuerpos,
sino almas que sepan entregarlas.

Hermana de los libres,
rompiste la norma sin quebrantar la fe,
y en cada palabra que brotaba de tus labios,
el mundo se equilibraba un poco más.

Sostén la igualdad,
como lo hiciste al proclamar el Evangelio,
sin importar quién mirara, quién juzgara.
Porque sabías que el amor no reconoce jerarquías,
y la sabiduría no pide permiso para ser.

Priscila, tú nos dices
que la igualdad no solo se grita,
se vive,
se enseña,
se sustenta
como quien sostiene el cielo con las manos.

❧ **(2 Timoteo 4,19)**

Una maestra y colaboradora en la expansión del cristianismo temprano, Priscila es un ejemplo de liderazgo espi-
ritual femenino en un contexto dominado por hombres.

Lola

Una profesora joven que lucha por la equidad en la educación en una comunidad rural.

En la escuela de techos gastados y pizarras ajadas, donde los libros llegan tarde y los sueños parecen un lujo, Lola alza la voz como un faro en la bruma. No busca aplausos ni títulos, pero en cada lección deja un cimiento, una rendija abierta en los muros de lo imposible.

Como Priscila, no camina detrás de nadie, sino al lado, tejiendo con paciencia un tapiz donde niñas y niños escriben sus nombres con la misma tinta, con la misma promesa. En su aula no hay destinos trazados por costumbre ni sueños condenados por género; hay palabras que despiertan, hay números que abren puertas, hay historias que enseñan que el saber es la única herencia que nadie podrá arrebatarles.

Trabaja hombro a hombro con quienes creen en el cambio, desafiando el sonido de los siglos, donde aún resuena la voz que dice quién puede y quién no. Pero Lola responde con cada niño que alza la mano, con cada niña que, por primera vez, se atreve a decir "yo también puedo".

Ella no lleva corona ni impone su verdad. Solo sostiene, con manos firmes e invisibles, el estandarte de la igualdad.

Y mientras el mundo sigue su marcha, ella sigue allí, en el aula, en la tierra fértil de la enseñanza, sembrando el futuro en cada mirada que descubre su propio valor.

12

PROVOCA ADMIRACIÓN

De las habilidades a las competencias

Mujer en la **ciencia** que *promueves igualdad*.
Mujer en la **empresa** que *reivindicas cambios*.
Mujer en la **seguridad** que *cuidas convivencia*.
Mujer en la **política** que *defiendes justicia*.
Mujer en la **tecnología** que *desarrollas esfuerzos*.
Mujer en el **deporte** que *superas barreras/marcas*.
Mujer en lo **rural** que *trabajas respeto*.
Mujer en el **transporte** que *conduces derechos*.
Mujer en la **iglesia** que *sostienes futuro*.
Mujer en la **investigación** que *innovas esencia*.
Mujer en los **medios y redes sociales** que *comunicas dignidad*.
Mujer en la **cultura** que *descubres talentos*.
Mujer en la **moda** que *embelleces interior*.

En el **hogar**, en la **sanidad**, en la **educación**…
y en tantos otros espacios son admiradas desde siempre.
**Si las habilidades personales no tienen género,
tampoco las competencias.**

PROMUEVE

**¿Crees que algún día se dará la igualdad plena en todo?
¿Qué vas a hacer tú para conseguirlo?**

María

Madre de silencios inmensos,
de manos que cruzaron
lo humano y lo divino.
Tú, que convertiste la sencillez en majestad,
y de un "hágase" hiciste un universo.

No fuiste solo la madre,
fuiste la arquitecta de un destino,
la que transformó la fe en acción,
las habilidades en competencias perpetuas.

De una aldea olvidada al corazón del cielo,
provocaste admiración en cada paso,
no por buscarla,
sino porque tu entrega era más grande
que cualquier palabra que pudieran darte.

En la sombra de un pesebre,
con vocación de intemperie,
modelaste la fuerza de lo invisible,
y en el Calvario,
sostuviste el dolor con una valentía
que hizo temblar los cimientos de la tierra.

Tú, María, con manos de alfarera,
convertiste el barro de lo cotidiano
en la obra maestra del amor.

Provocar admiración,
no desde el pedestal,
sino desde el suelo que pisa,
porque las habilidades
pueden bastar para el instante,
pero las competencias
construyen lo eterno.

> ▶ **(Lucas 1)**
>
> La aceptación del papel que Dios le dio y su fortaleza para enfrentar los desafíos de criar al Mesías, convierten a María en un ejemplo de fe y valentía.

Petra

Madre que dedica su vida a cuidar a su hijo con necesidades especiales.

Camina descalza por los días, sin más joyas que la ternura con la que sostiene a su hijo, sin más riquezas que el tiempo entregado sin medida. Vive en los silencios donde el amor se teje sin palabras, en las madrugadas donde la vigilia es su única certeza, en el vaivén de sus manos que cuidan, alimentan, sostienen.

Cada amanecer es un nuevo pacto, un "hágase" que es entrega absoluta. Como María, su fe no es pasiva; es fuego que ilumina el camino en la penumbra de la incertidumbre. Su vida es un altar donde la devoción no se viste de gloria, sino de gestos pequeños e imperecederos: la caricia que sobrevive, la voz que enamora, la mirada que no se quiebra.

Aunque no es extraño observar al anochecer su devastación. Es ese sostén de un universo que gira en torno a un amor obstinado que cruza los dedos hacia el porvenir.

Y en su entrega mártir hay una majestuosidad que transforma lo cotidiano en extraordinario.

13

ENAMÓRATE DE TI

¡Es prioridad!

Sabes que...
Para alguien en concreto, **eres única**.
Para varias personas, **eres irrepetible**.
Para determinadas gentes, **eres esencia**.
Para distintos corazones, **eres amor**.
Para muchos ojos, **eres guapa**.
Para cantidad de tipos/as, **eres atractiva**.
Para algún pensamiento, **eres pasión**.
Para según qué sueños, **eres ideal**.
Para uno/una que tú sabes, **eres todo**.

Y para ti, ¿quién eres?
No esperes de los demás lo que tú no sea capaz de darte, de reconocerte, de apreciarte, de soñarte, de cuidarte...

¡Tu vida empieza en ti!

SUEÑA

¿Qué sabes y quieres de ti que todavía no lo has cumplido?

Eva

Primera chispa del deseo,
tú, nacida de la tierra y el soplo divino,
abriste los ojos al reflejo de ti misma
y encontraste un universo por descubrir.

Antes de nombres y juicios,
antes de las sombras de la culpa,
fuiste el milagro perfecto,
la obra maestra que se admiraba en el agua.

Enamórate de ti, susurraron los vientos,
porque en tus manos estaba el jardín,
en tu ser, la raíz de la humanidad.
            Eras principio,
            fuerza,
            vida.

Tomaste del fruto no por rebeldía,
sino por amor a lo posible,
por el anhelo de ser más,
de saborear lo que otros temían.

Eva,
tú, que cargaste el peso de mundos sin rendirte,
inmortalizas la belleza de tus manos
que moldearon el destino.
La chispa en tu mirada
encendió la llama de generaciones.

Enamórate de ti,
porque en tu esencia está el origen,
porque no eres solo costilla ni mito,
sino la voz que dijo: "Aquí estoy, y es suficiente".

> ➤ **(Génesis 2,18-ss)**
>
> Como la primera mujer, Eva simboliza la capacidad de decisión. Su elección en el jardín del Edén, aunque controvertida, representa un acto de libre albedrío y curiosidad humana.

Camila

Una joven que, tras años de vivir bajo las expectativas de los demás, decidió reencontrarse consigo misma y abrazar su autenticidad.

Habitaba un reflejo ajeno. Fue hija de expectativas, prisionera de caminos dibujados por otras manos, hasta que un día sintió el temblor de su propio ser llamándola desde adentro.

Como un bosque que despierta, abrió los ojos, no solo al mundo, sino a la inmensidad de lo que era. Un despertar suave y feroz, como raíces que rompen la tierra en busca de luz. Se quitó las máscaras pegadas a su piel, una a una, hasta quedarse con su verdad desnuda, intacta, sagrada.

Como Eva, comprendió que el inicio no es un lugar, sino un acto de voluntad. Su despertar fue la chispa de un nuevo génesis, el primer soplo de la creación. Ya no vivía en los espejos que la encadenaban.

Ahora vive la vastedad luminosa de sí misma, libre y eterna.

Y se reconoce.

14

LO VALES, TE LO MERECES

Si es contigo: ¡Ámate!

Si es contigo: **¡ámate!**
Si es con tu pareja: **¡hazte respetar!**
Si es con tus hijos: **¡permítete descansar!**
Si es con tu trabajo: **¡exige dignidad!**
Si es con tu descanso: **di, ¡sí, me necesito!**
Si es con tus amistades: **¡proponte disfrutar!**
Si es con tus sueños: **¡deja que sucedan!**
Si es con tu cuerpo: **¡mírate con amor y ternura!**

MÍRATE

¿Qué necesitas hoy?

La samaritana

Llegaste con el cántaro vacío,
con el sol en la espalda,
y el peso de todas las miradas
te nombraban ajena.

"Dame de beber", dijo él,
y en su voz no hubo condena,
sino un umbral abierto,
un pozo donde no había sed de juicio.

¿Cómo es que te habla
si otros bajan la mirada,
si otros cruzan la calle,
si otros te reducen a una historia rota?

Pero bebió,
y al beber,
supiste que no eras sombra,
que no eras el murmullo de los que callan tu nombre,
      que eras fuente,
      que eras voz.

Sí,
es contigo,
¡ámate!

¡Ámate!
No eres el agua que se derrama en el olvido,
sino el manantial que nadie podrá secar.

❖ **(Juan 4,5-42)**

"Vino una mujer samaritana a sacar agua. Jesús le dijo: «Dame de beber». Porque sus discípulos habían ido a la ciudad a comprar comida. La samaritana le respondió: «¿Cómo es que tú, siendo judío, me pides de beber a mí, que soy samaritana?». Porque los judíos no se tratan con los samaritanos".

La mujer junto al pozo ha sido vista de manera restringida en términos de su género.

Mariela

Mariela llegó a la oficina de Servicios Sociales con los hombros hundidos, con la fatiga de quien ha sido llamada de todas las formas excepto por su nombre: "Mujer con adicciones", "mujer en riesgo", "caso vulnerable". Pero nadie le preguntó quién era antes de eso, quién había sido cuando todavía soñaba sin miedo.

En la ventanilla la miraron con ese gesto acostumbrado, el que mide la urgencia de una vida en cifras y requisitos. Le dijeron que esperara. Siempre le decían que esperara.

Entonces, un hombre –uno que no parecía distinto a los demás– la miró sin lástima. Le preguntó algo sencillo, como quien ofrece una tregua:

—¿Cómo te llamas?

Y Mariela sintió, por primera vez en años, que su historia no era un expediente, que su voz aún tenía agua para dar.

Pensó en la mujer que caminó sola hasta el pozo cuando el sol ardía, en la sed de siglos que nadie quiso ver; en la voz que un día pronunció su existencia sin condenarla ni exigirle explicaciones.

Pensó en ella con amor y sin vergüenza.

Pronunció su nombre con la certeza de quien, por fin, ha bebido.

15

ERES MUJER DE LUZ

**Que te ven y que te ves,
que te creen y que te lo crees**

Mujer valiente
que muestras caminos.
Mujer fuerte
que rompes muros.
Mujer inteligente
que abres fronteras.
Mujer atrevida
que provocas cambios.
Mujer arriesgada
que defiendes causas.
Mujer luchadora
que inspiras compromiso.
Mujer esencia
que eres referencia.
Mujer valiosa
que reclamas igualdad.
Mujer trabajadora
que promueves derechos.
Mujer intrépida
que enseñas amor.
Mujer anónima
que levantas ánimos.
Mujer entrañable
que mantienes esperanza.

Así te veo, y así te quiero.
Eres tú, unida a todas las mujeres.

REIVINDICA

**¿Dónde crees que hay que poner el foco hoy
para que se invierta nuestra manera de vernos
y relacionarnos mujeres y hombres?**

Sara

Risa escondida entre arrugas,
faro encendido en el desierto de la espera,
tú, que miraste el horizonte estéril
y sembraste en él la promesa de un mañana.

Eres mujer de luz, Sara,
la que creyó en la palabra imposible,
la que, entre dudas y sombras,
se atrevió a verse más allá del espejo del tiempo.

Te ven, Sara, como la raíz del pacto,
como la madre de naciones
que antes eran polvo.
Pero también te ves,
te muestras,
no como una sombra de Abrahán,
sino como la chispa que encendió su destino.

Te creen porque llevaste en tu vientre
el peso de las estrellas,
porque hiciste de tu risa
un himno al milagro.

Y te lo crees, Sara,
porque tu fe se transformó en carne.
Eres mujer de luz
que resplandece en la historia,
la que camina sabiendo
que el brillo que otros ven en ti
es el mismo que tú aprendiste a revelar.
La luz no se apaga
ni siquiera en la larga espera.

❧ **(Génesis 17,15-21)**

Sara, esposa de Abrahán, que enfrentó las dificultades de la esterilidad y la presión social, muestra resiliencia y fe en medio de los desafíos culturales que enfrentaban las mujeres.

Josefa

Mujer de 72 años. Ama de casa.

Un alma tejida en hilos invisibles al cuidado de su hogar y a la protección de su familia. Su tiempo, tallado, ha sido un largo suspiro de espera y reflexión, las raíces invisibles de un árbol que permanece firme ante las tormentas. Esa chispa que no brilla en el exterior pero que, cuando se busca en su mirada, ilumina.

Y en su rostro, marcado por las huellas del tiempo, resplandecen arrugas que son mapas de historias no contadas, risas robadas al desgaste de los años. Josefa, como Sara, tiene la magia de transformar lo común en plenitud. En lo trivial siembra significados secretos que solo quien permanece en el amor, puede comprender.

Y en ese rincón se oculta su verdadera grandeza.

EPÍLOGO

VALIENTE NO, LO SIGUIENTE

He conocido una mujer muy interesante, muy valiente, muy inteligente, muy atrevida, además de soñadora, y de habilidades y capacidades enormes.

Es **Teresa Toda** (1826-1898). Esposa, madre, separada, divorciada, religiosa y fundadora.

A los veinte años se casa, después de tres meses de convivencia con su esposo, sale de la relación por el maltrato continuado. Se lo cuenta a su madre y decide separarse. Se deja acompañar por personas de su confianza y decide pedir al tribunal eclesiástico la separación interina de la casa y compañía de su marido. Después de mucha extorsión y manipulación -e incluso cárcel-, consigue iniciar una nueva vida, lejos de su pueblo natal, con su hija Teresa y su madre, Magdalena Juncosa. Abierta a la misericordia de Dios, acogerá en su casa a niñas huérfanas, hasta convertirse en referencia de trato exquisito de menores en situación de soledad y abandono. **Fundó, junto con su hija, la congregación de Hermanas Carmelitas Teresas de San José.**

Su vida, su valentía y lo siguiente, su amor, podría ser hoy **grito y propuesta** para otras mujeres que están dispuestas a salir de donde no quieren estar.

Y para ti, **¿quién es hoy referencia, grito y propuesta en la lucha por la igualdad?**

PREGUNTAS
PARA LA REFLEXIÓN

**Mujeres empoderadas, transformar el mundo.
Igualdad: crear conciencia**

Tras la lectura del libro:

- ¿Qué piensas de lo que acabas de leer?

- ¿Has vivido o presenciado situaciones semejantes en tu entorno? Explícalas.

- ¿Qué elementos de nuestra educación pueden favorecer que pensemos/actuemos así?

- ¿Qué consecuencias tiene para las mujeres saber/conocer estas situaciones?

- ¿Has abandonando alguna vez tu propia identidad en pro de la aceptación del grupo?

- ¿Se ignora la opinión de las mujeres en función de factores como la apariencia o forma más o menos agresiva de comportarse?

- Escribe una lista de palabras de estos textos que te gustaría incorporar a tu vida (si lo deseas, coméntalo con otras personas).

- Identifica el uso del poder en las relaciones entre hombres y mujeres, así como sus consecuencias.

- Menciona tres indicadores de riesgo de violencia de género en las relaciones de pareja y en general.

- ¿Qué mensaje positivo puedes extraer?

ÍNDICE